AF205467

Impressum
Verlag: BABADADA GmbH, Nedderfeld 112 , 22529 Hamburg
Geschäftsführer / Verlagsleitung: Harald Hof
Druck: Books on Demand GmbH, In de Tarpen 42, 22848 Norderstedt

Imprint
Publisher: BABADADA GmbH, Nedderfeld 112 , 22529 Hamburg, Germany
Managing Director / Publishing direction: Harald Hof
Print: Books on Demand GmbH, In de Tarpen 42, 22848 Norderstedt

Šola
el colegio

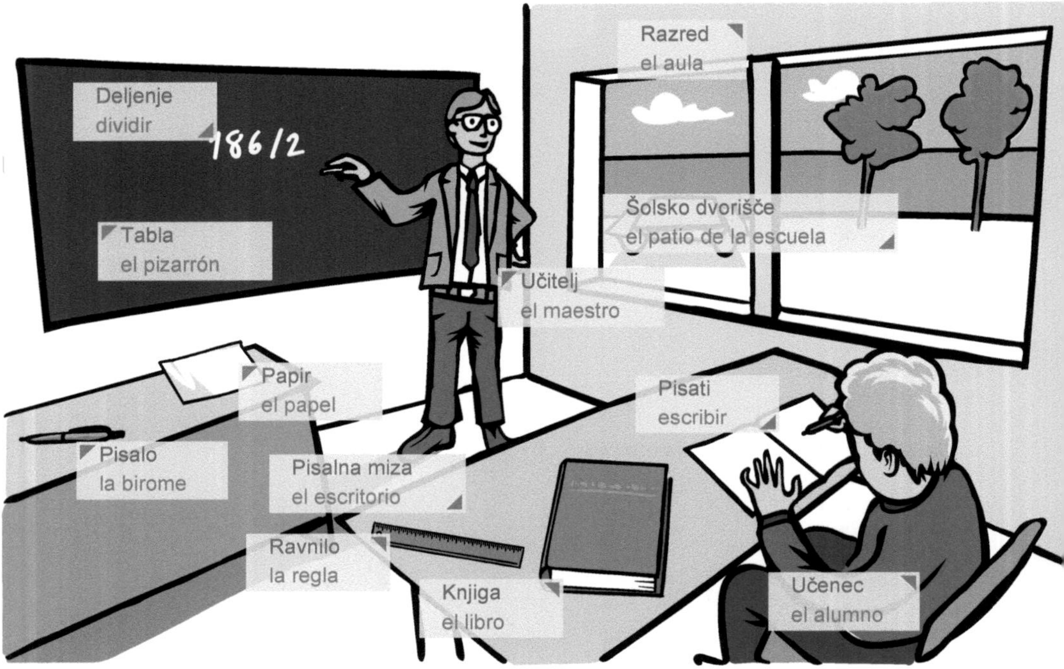
Razred
el aula
Deljenje
dividir
186/2
Tabla
el pizarrón
Šolsko dvorišče
el patio de la escuela
Učitelj
el maestro
Papir
el papel
Pisati
escribir
Pisalo
la birome
Pisalna miza
el escritorio
Ravnilo
la regla
Knjiga
el libro
Učenec
el alumno

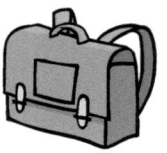

Šolska torba
la mochila

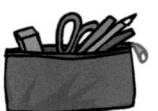

Peresnica
la caja de lápices

Svinčnik
el lápiz

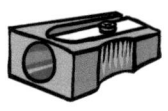

Šilček
el sacapuntas

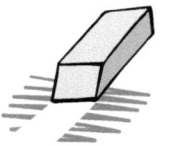

Radirka
la goma (de borrar)

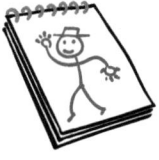

Risalni blok
el bloc de dibujo

Risba

el dibujo

Čopič

el pincel

Vodene barvice

la caja de pinturas

Škarje

la tijera

Lepilo

el pegamento

Zvezek

el cuaderno de ejercicios

Domača naloga

la tarea

12

Število

el número

2+2

Seštevanje

sumar

5-2

Odštevanje

restar

2×2

Množenje

multiplicar

Računanje

calcular

Črka

la letra

**ABCDEFG
HIJKLMN
OPQRSTU
VWXYZ**

Abeceda

el abecedario

Beseda

la palabra

Besedilo

el texto

Brati

leer

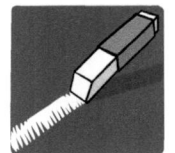

Kreda

la tiza

Učna ura

la lección

Redovalnica

el cuaderno de clase

Preizkus znanja

el examen

Spričevalo

el certificado

Šolska uniforma

el uniforme escolar

Izobrazba

la educación

Enciklopedija

la enciclopedia

Univerza

la universidad

Mikroskop

el microscopio

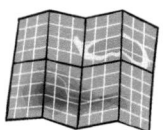

Zemljevid

el mapa

Koš za smeti

el tacho (de basura)

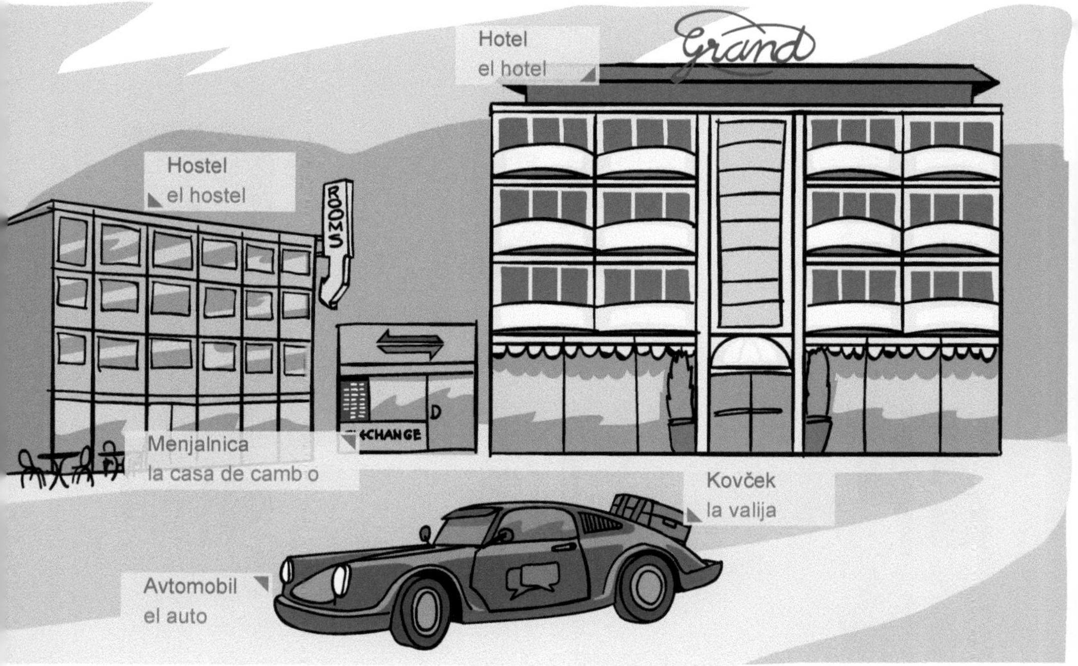

Hotel
el hotel
Grand
Hostel
el hostel
ROOMS
EXCHANGE
Menjalnica
la casa de camb o
Kovček
la valija
Avtomobil
el auto

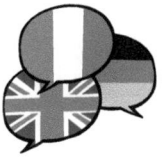

Jezik

el idioma

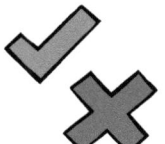

da / ne

sí / no

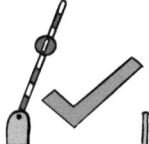

Prav

Está bien

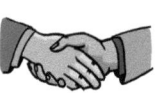

Pozdravljeni

hola

Prevajalec

el traductor

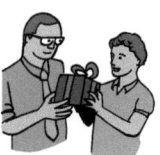

Hvala

Gracias

Koliko stane…?

¿cuánto cuesta…?

Ne razumem

No entiendo

Težava

el problema

Dober večer!

¡Buenas tardes!

Dobro jutro!

¡Buenos días!

Lahko noč!

¡Buenas noches!

Nasvidenje

el adiós

Smer

la dirección

Prtljaga

el equipaje

Torba

el bolso

Nahrbtnik

la mochila

Gost

el invitado

Soba

la habitación

Spalna vreča

la bolsa de dormir

Šotor

la carpa

Turistične informacije

la información turística

Plaža

la playa

Kreditna kartica

la tarjeta de crédito

Zajtrk

el desayuno

Kosilo

el almuerzo

Večerja

la cena

Vozovnica

el pasaje

Dvigalo

el ascensor

Znamka

el sello

Meja

la frontera

Carina

la aduana

Veleposlaništvo

la embajada

Vizum

la visa

Potni list

el pasaporte

Prevoz

el transporte

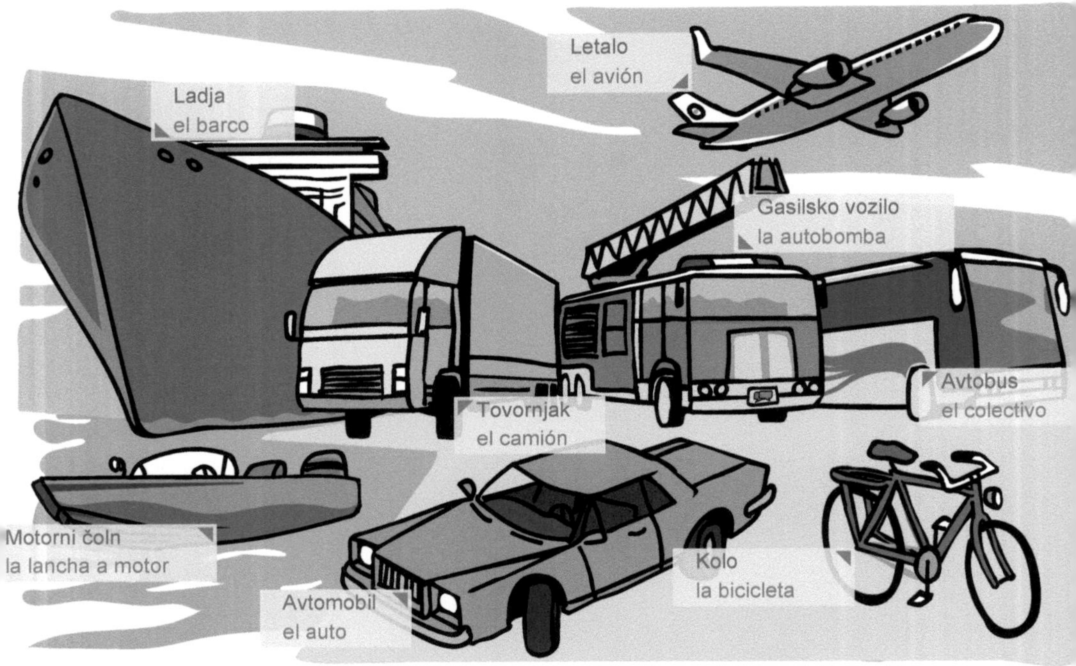
Letalo
el avión
Ladja
el barco
Gasilsko vozilo
la autobomba
Avtobus
el colectivo
Tovornjak
el camión
Motorni čoln
la lancha a motor
Kolo
la bicicleta
Avtomobil
el auto

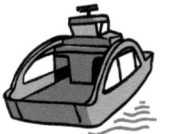

Trajekt

el ferry

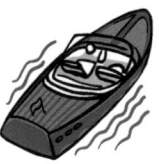

Čoln

el bote

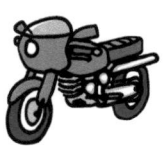

Motorno kolo

la moto

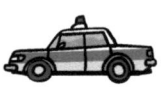

Policijski avto

el patrullero

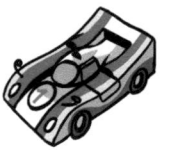

Dirkalni avto

el auto de carreras

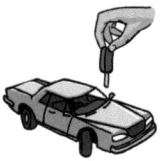

Najeto vozilo

el auto de alquiler

Souporaba avtomobila

el alquiler de autos

Avtovleka

la grúa

Smetarsko vozilo

el camión de la basura

Motor

el motor

Gorivo

la nafta

Bencinska postaja

la estación de servicio

Prometni znak

la señal de tránsito

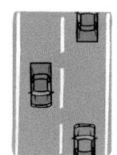

Promet

el tránsito

Zastoj

el embotellamiento

Parkirišče

el estacionamiento

Železniška postaja

la estación de tren

Tirnice

las vías

Vlak

el tren

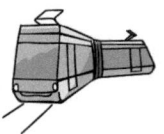

Tramvaj

el tranvía

Vagon

el vagón

Helikopter

el helicóptero

Letališče

el aeropuerto

Stolp

la torre

Potnik

el pasajero

Kontejner

el contenedor

Karton

la caja de cartón

Voziček

la carretilla

Košara

la canasta

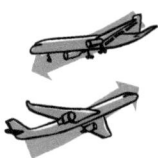

vzleteti / pristati

despegar / aterrizar

Mesto

la ciudad

Vas

el pueblo

Mestno jedro

el centro de la ciudad

Hiša

la casa

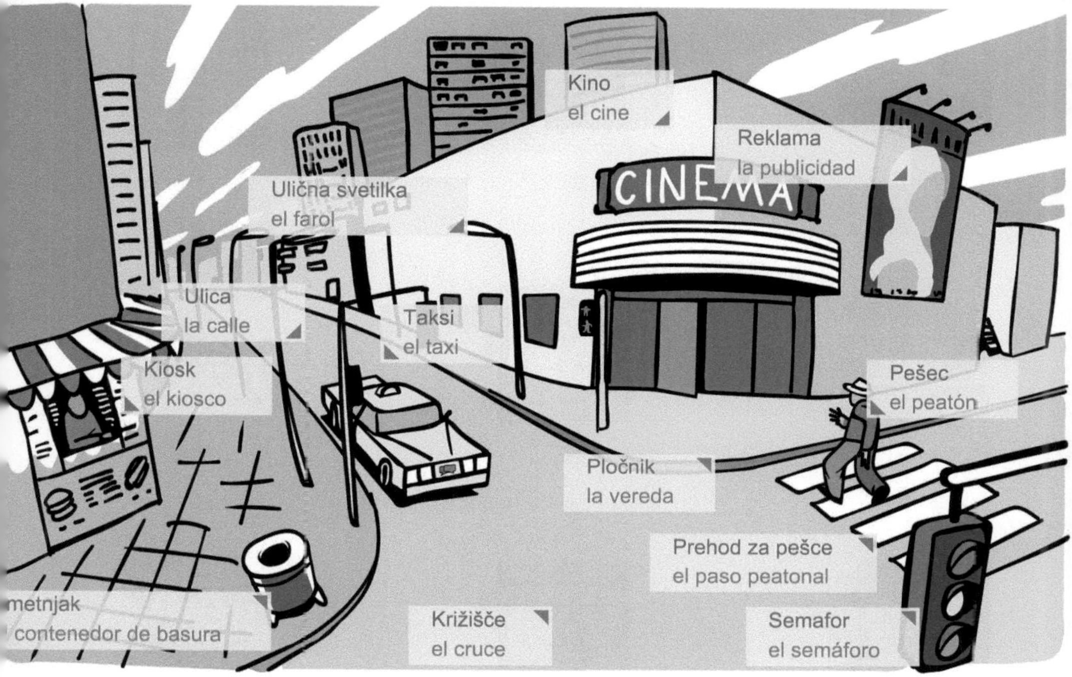
Kino
el cine
Reklama
la publicidad
CINEMA
Ulična svetilka
el farol
Ulica
la calle
Taksi
el taxi
Kiosk
el kiosco
Pešec
el peatón
Pločnik
la vereda
Prehod za pešce
el paso peatonal
metnjak
contenedor de basura
Križišče
el cruce
Semafor
el semáforo

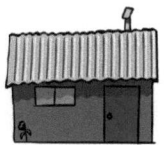

Koča

la cabaña

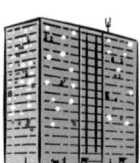

Stanovanje

el departamento

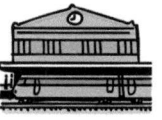

Železniška postaja

la estación de tren

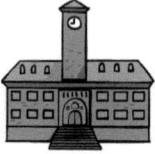

Mestna hiša

la municipalidad

MUSEUM

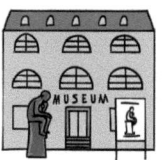

Muzej

el museo

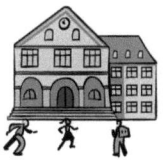

Šola

el colegio

Univerza

la universidad

Banka

el banco

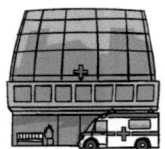

Bolnišnica

el hospital

Hotel

el hotel

Lekarna

la farmacia

Pisarna

la oficina

Knjigarna

la librería

Trgovina

el negocio

Cvetličarna

la florería

Supermarket

el supermercado

Tržnica

el mercado

Veleblagovnica

las grandes tiendas

Ribarnica

la pescadería

Nakupovalno središče

el centro comercial

Pristanišče

el puerto

Park

el parque

Klop

el banco

Most

el puente

Stopnice

las escaleras

Podzemna železnica

el subte

Predor

el túnel

Avtobusno postajališče

la parada del colectivo

Bar

el bar

Restavracija

el restaurante

Poštni nabiralnik

el buzón

Ulična tabla

el letrero

Parkirna ura

el parquímetro

Živalski vrt

el zoológico

Kopališče

la pileta

Mošeja

la mezquita

Kmetija
la granja

Onesnaževanje
la contaminación

Pokopališče
el cementerio

Cerkev
la iglesia

Otroško igrišče
los juegos infantiles

Tempelj
el templo

Pokrajina
el paisaje

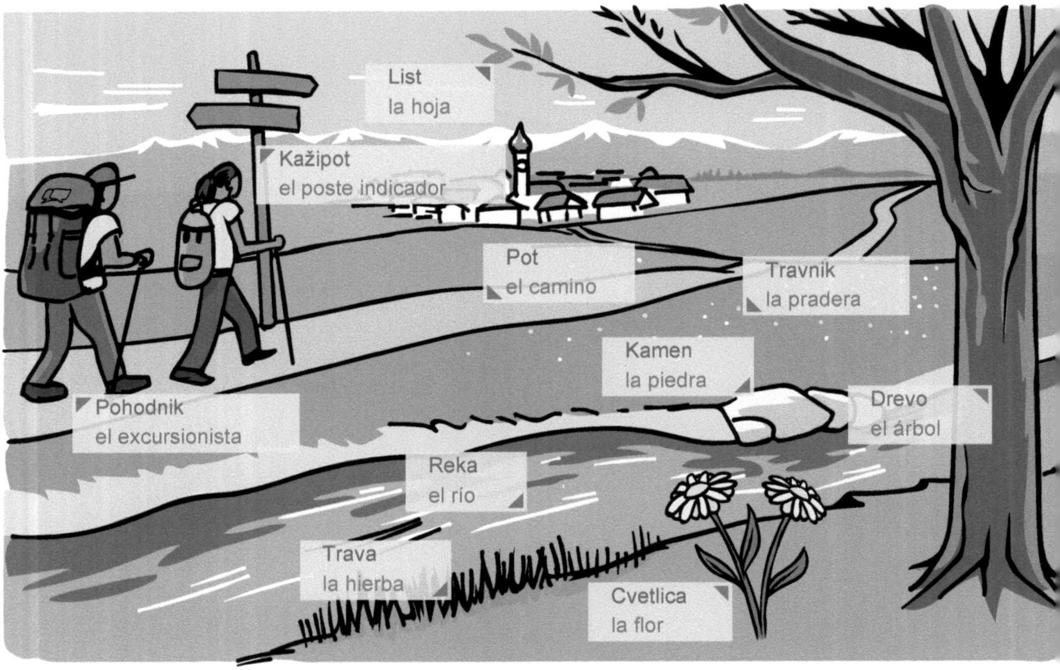

List
la hoja

Kažipot
el poste indicador

Pot
el camino

Travnik
la pradera

Kamen
la piedra

Drevo
el árbol

Pohodnik
el excursionista

Reka
el río

Trava
la hierba

Cvetlica
la flor

Dolina

el valle

Hrib

la montaña

Jezero

el lago

Gozd

el bosque

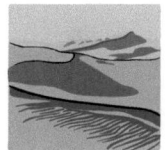

Puščava

el desierto

Vulkan

el volcán

Grad

el castillo

Mavrica

el arco iris

Goba

el champiñón

Palma

la palmera

Komar

el mosquito

Muha

la mosca

Mravlja

la hormiga

Čebela

la abeja

Pajek

la araña

Hrošč

el escarabajo

Žaba

la rana

Veverica

la ardilla

Jež

el erizo

Zajec

la liebre

Sova

la lechuza

Ptič

el pájaro

Labod

el cisne

Divji prašič

el jabalí

Jelen

el ciervo

Los

el alce

Jez

la presa

Vetrnica

el aerogenerador

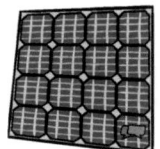

Solarna plošča

el panel solar

Podnebje

el clima

Restavracija
el restaurante

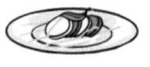

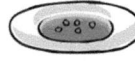

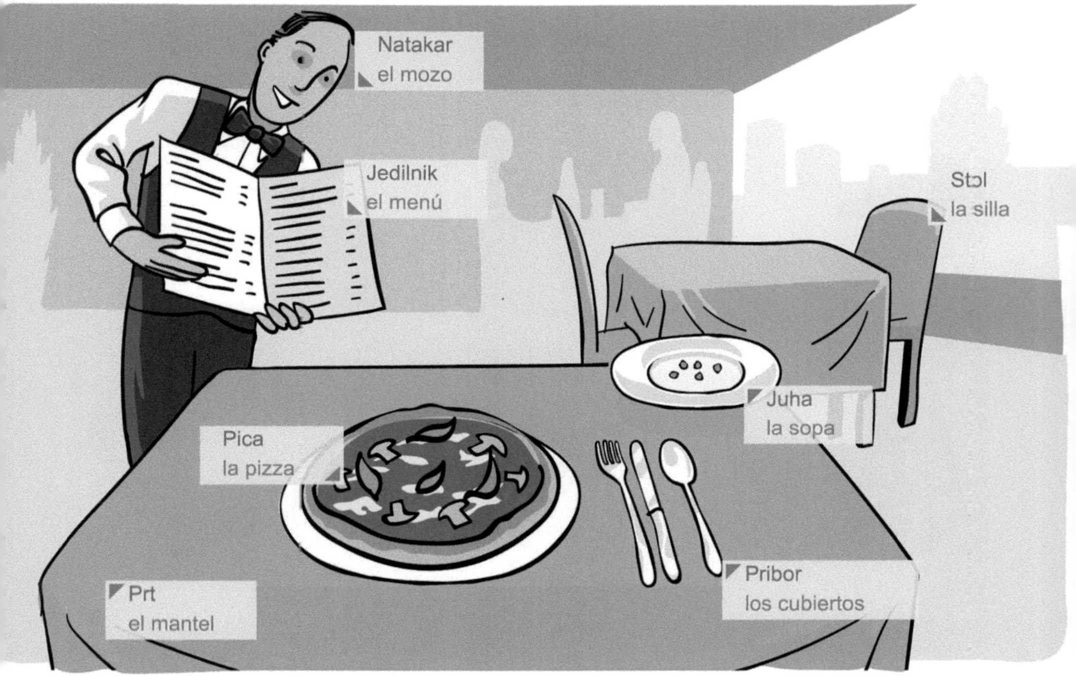

Natakar
el mozo
Jedilnik
el menú
Stɔl
la silla
Juha
la sopa
Pica
la pizza
Prt
el mantel
Pribor
los cubiertos

Predjed

la entrada

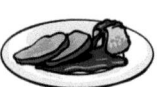

Glavna jed

el plato principal

Sladica

el postre

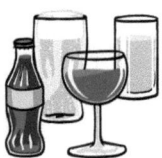

Pijače

las bebidas

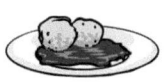

Hrana

la comida

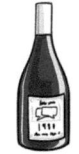

Steklenica

la botella

Hitra hrana

la comida rápida

Ulična hrana

la comida callejera

Čajnik

la tetera

Sladkornica

la azucarera

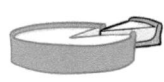

Porcija

la porción

Aparat za espresso

la cafetera expreso

Stolček za hranjenje

la sillita alta

Račun

la cuenta

Pladenj

la bandeja

Nož

el cuchillo

Vilica

el tenedor

Žlica

la cuchara

Čajna žlička

la cucharita

Servieta

la servilleta

Kozarec

el vaso

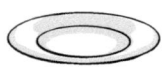

Krožnik

el plato

Globoki krožnik

el plato hondo

Krožniček

el plato

Omaka

la salsa

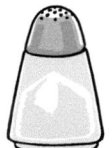

Solnica

el salero

Mlinček za poper

el molinillo de pimienta

Kis

el vinagre

Olje

el aceite

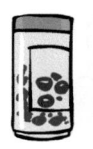

Začimbe

las especias

Kečap

el kétchup

Gorčica

la mostaza

Majoneza

la mayonesa

Supermarket
el supermercado

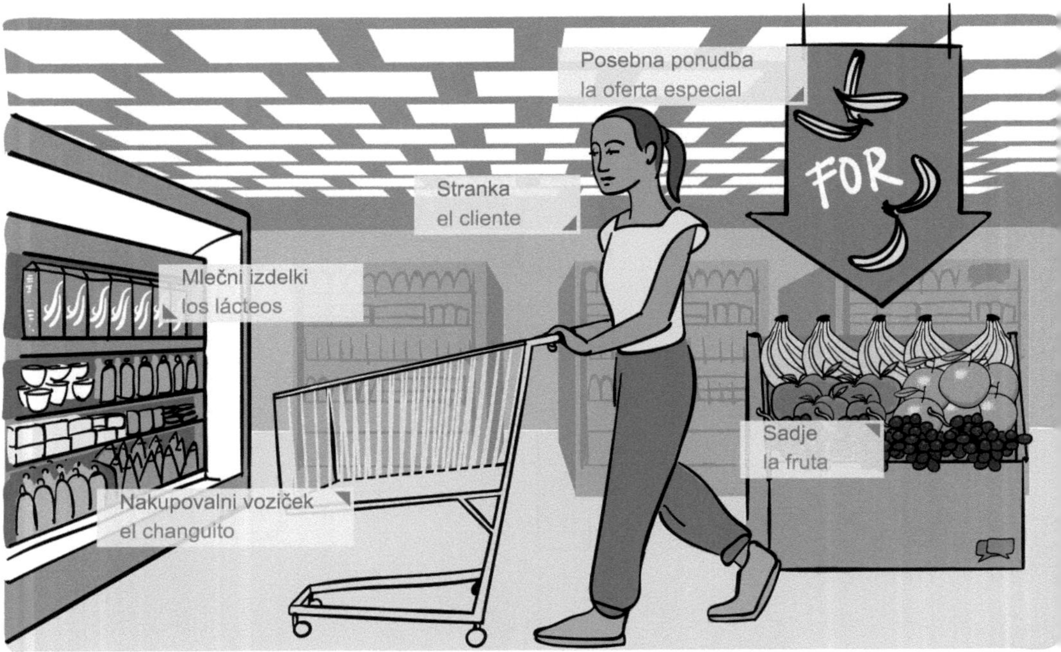

Posebna ponudba
la oferta especial

Stranka
el cliente

Mlečni izdelki
los lácteos

Sadje
la fruta

Nakupovalni voziček
el changuito

Mesnica	Pekarna	Tehtati
la carnicería	la panadería	pesar
	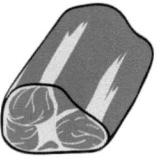	
Zelenjava	Meso	Zamrznjena hrana
las verduras	la carne	los alimentos congelados

Hladne mesnine

los fiambres

Konzerve

los alimentos enlatados

Pralni prašek

el detergente en polvo

Sladkarije

las golosinas

Gospodinjski izdelki

los electrodomésticos

Čistilno sredstvo

los productos de limpieza

Prodajalka

la vendedora

Blagajna

la caja

Blagajnik

el cajero

Nakupovalni seznam

la lista de compras

Delovni čas

el horario de atención

Denarnica

la billetera

Kreditna kartica

la tarjeta de crédito

Torba

la cartera

Plastična vrečka

la bolsa de plástico

Pijače
las bebidas

Voda

el agua

Sok

el jugo

Mleko

la leche

Kola

la bebida cola

Vino

el vino

Pivo

la cerveza

Alkohol

el alcohol

Kakav

el cacao

Čaj

el té

Kava

el café

Espresso

el café expreso

Kapučino

el cappuccino

Banana

la banana

Jabolko

la manzana

Pomaranča

la naranja

Lubenica

el melón

Limona

el limón

Korenje

la zanahoria

Česen

el ajo

Bambus

el bambú

Čebula

la cebolla

Goba

el champiñón

Oreščki

las nueces

Rezanci

los fideos

Špageti

los tallarines

Riž

el arroz

Solata

la ensalada

Ocvrt krompirček

las papas fritas

Pečen krompir

las papas fritas

Pica

la pizza

Hamburger

la hamburguesa

Sendvič

el sándwich

Zrezek

el churrasco

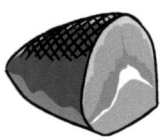

Šunka

el jamón

Salama

el salame

Klobasa

la salchicha

Piščanec

el pollo

Pečenka

el asado

Riba

el pescado

Ovseni kosmiči

los copos de avena

Musli

el muesli

Koruzni kosmiči

los copos de maíz

Moka

la harina

Rogljiček

la medialuna

Žemlja

el pancito

Kruh

el pan

Prepečenec

la tostada

Piškoti

las galletitas

Maslo

la manteca

Skuta

la cuajada

Torta

la torta

Jajce

el huevo

Pečeno jajce na oko

el huevo frito

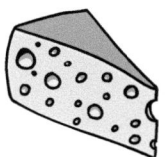

Sir

el queso

Sladoled

el helado

Sladkor

el azúcar

Med

la miel

Marmelada

la mermelada

Čokoladni namaz

la pasta de chocolate

Kari

el curry

Kmetija
la granja

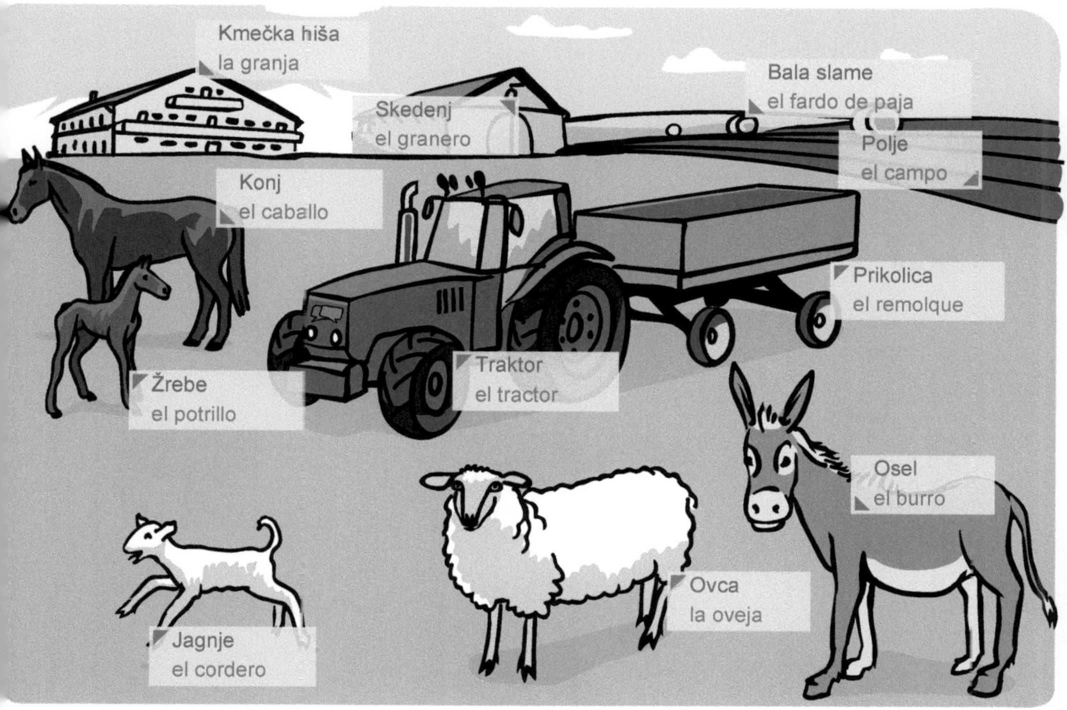
Kmečka hiša
la granja
Skedenj
el granero
Bala slame
el fardo de paja
Polje
el campo
Konj
el caballo
Prikolica
el remolque
Traktor
el tractor
Žrebe
el potrillo
Osel
el burro
Ovca
la oveja
Jagnje
el cordero

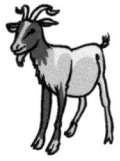

Koza

la cabra

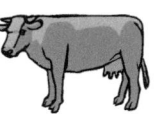

Krava

la vaca

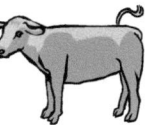

Tele

el ternero

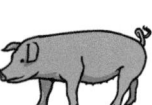

Prašič

el cerdo

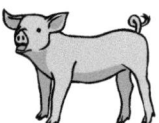

Pujsek

el lechón

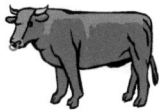

Bik

el toro

Gos

el ganso

Raca

el pato

Piščanec

el pollo

Kokoš

la gallina

Petelin

el gallo

Podgana

la rata

Mačka

el gato

Miš

el ratón

Vol

el buey

Pes

el perro

Pasja uta

la cucha

Cev za zalivanje

la manguera

Kangla za zalivanje

la regadera

Kosa

la guadaña

Plug

el arado

Srp

la hoz

Motika

la azada

Vile

la horquilla

Sekira

el hacha

Samokolnica

la carretilla

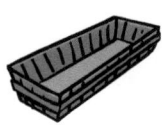

Korito

el abrevadero

Kangla za mleko

la lechera

Vreča

la bolsa

Ograja

la reja

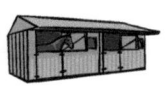

Hlev

el establo

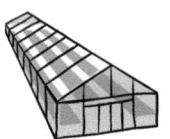

Rastlinjak

el invernadero

Prst

el suelo

Seme

la semilla

Gnojilo

el fertilizador

Kombajn

la cosechadora

Žeti
cosechar

Žetev
la cosecha

Jam
las batatas

Pšenica
el trigo

Soja
la soja

Krompir
la papa

Koruza
el maíz

Oljna ogrščica
la semilla de colza

Sadno drevo
el árbol frutal

Maniok
la mandioca

Žito
los cereales

Hiša

la casa

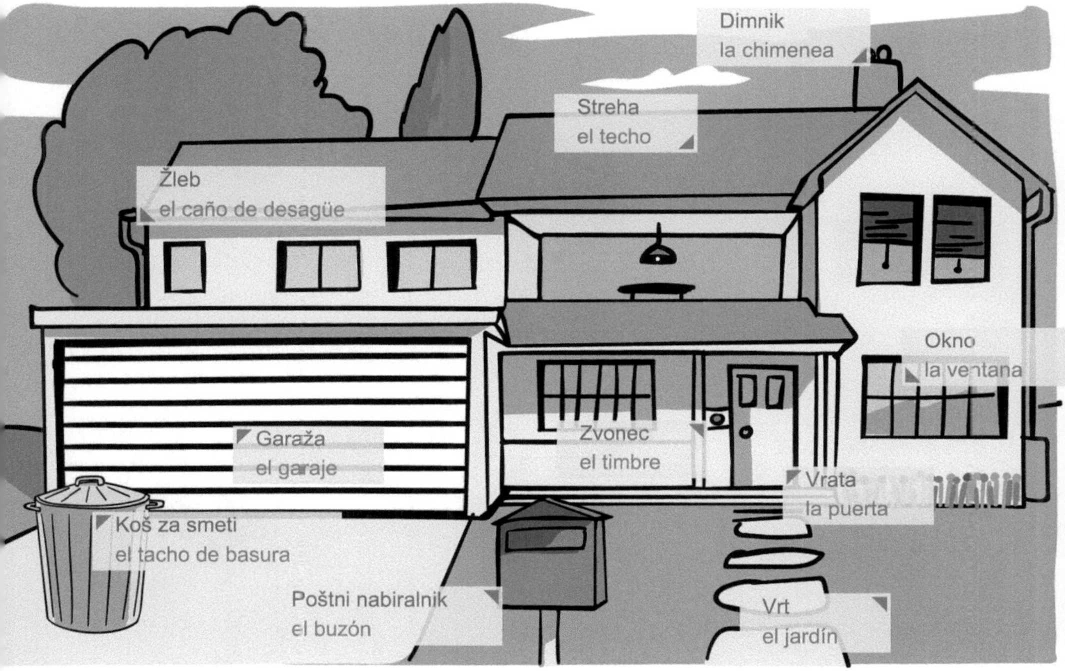
Dimnik
la chimenea
Streha
el techo
Žleb
el caño de desagüe
Okno
la ventana
Garaža
el garaje
Zvonec
el timbre
Vrata
la puerta
Koš za smeti
el tacho de basura
Poštni nabiralnik
el buzón
Vrt
el jardín

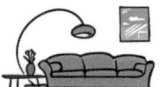

Dnevna soba

el living

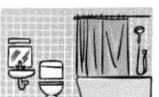

Kopalnica

el baño

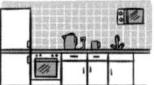

Kuhinja

la cocina

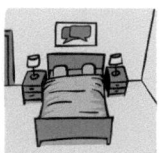

Spalnica

el dormitorio

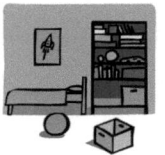

Otroška soba

el cuarto de los chicos

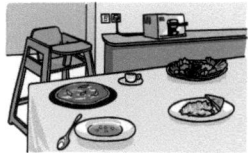

Jedilnica

el comedor

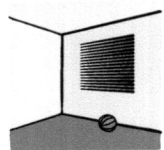

Tla

el piso

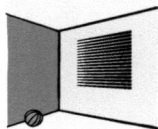

Stena

la pared

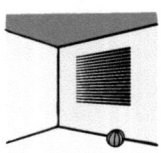

Strop

el cielorraso

Klet

el sótano

Savna

el sauna

Balkon

el balcón

Terasa

la terraza

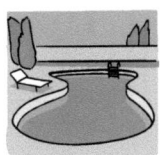

Bazen

la pileta

Kosilnica

la cortadora de pasto

Rjuha

la sábana

Posteljno pregrinjalo

el acolchado

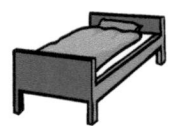

Postelja

la cama

Metla

la escoba

Vedro

el balde

Stikalo

el interruptor

Dnevna soba
el living

Tapeta
el empapelado
Slika
la imagen
Svetilka
la lámpara
Polica
el estante
Omara
el armario
Televizor
la televisión
Kamin
la chimenea
Cvetlica
la flor
Blazina
el almohadón
Zofa
el sofá
Vaza
el florero
Daljinski upravljalnik
el control remoto

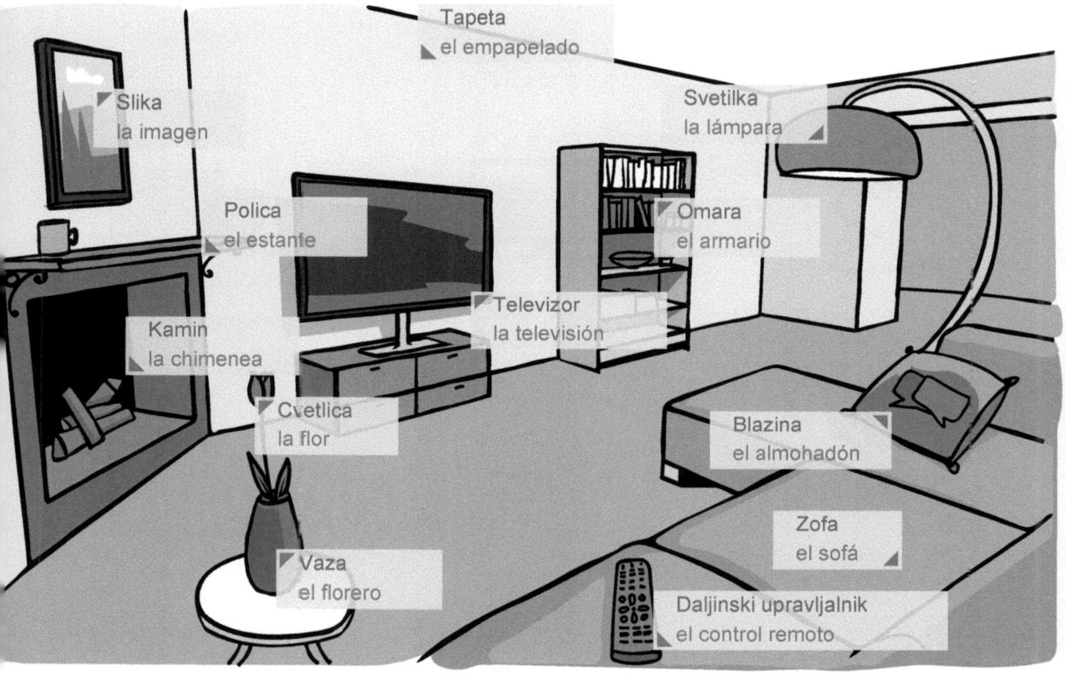

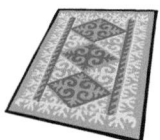

Preproga

la alfombra

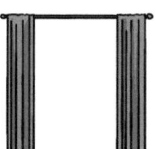

Zavesa

la cortina

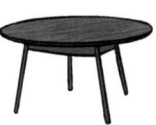

Miza

la mesa

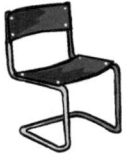

Stol

la silla

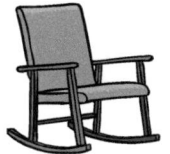

Gugalnik

la mecedora

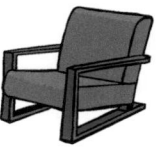

Naslanjač

el sillón

Knjiga

el libro

Odeja

la frazada

Dekoracija

la decoración

Drva

la leña

Film

la película

Glasbeni stolp

el equipo de música

Ključ

la llave

Časopis

el diario

Slika

la pintura

Plakat

el póster

Radio

la radio

Beležka

el cuaderno

Sesalnik

la aspiradora

Kaktus

el cactus

Sveča

la vela

Kuhinja
la cocina

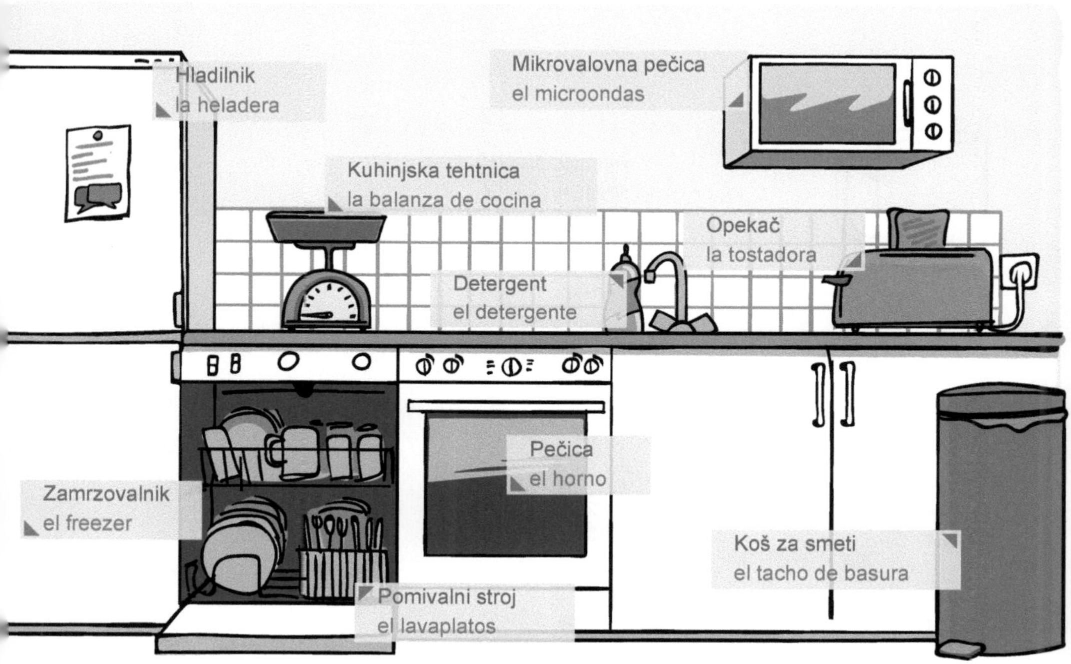
Hladilnik
la heladera
Mikrovalovna pečica
el microondas
Kuhinjska tehtnica
la balanza de cocina
Opekač
la tostadora
Detergent
el detergente
Pečica
el horno
Zamrzovalnik
el freezer
Koš za smeti
el tacho de basura
Pomivalni stroj
el lavaplatos

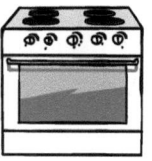

Kozica
la cocina

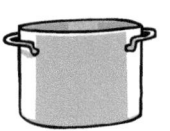

Lonec
la olla

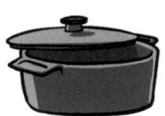

Litoželezni lonec
la olla de hierro fundido

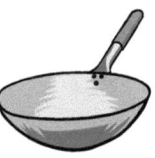

Vok / kadai
el wok

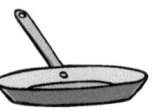

Ponev
la sartén

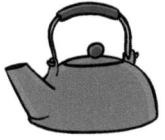

Kotliček
la pava

Parni kuhalnik

la vaporera

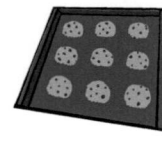

Pekač

la bandeja de horno

Posoda

la vajilla

Skodelica

la taza

Skleda

el bol

Jedilne paličice

los palitos

Zajemalka

el cucharón

Lopatica

la espátula

Metlica

la batidora

Cedilnik

el colador

Cedilo

el colador

Strgalo

el rallador

Možnar

el mortero

Žar

la parrilla

Ognjišče

la fogata

Deska za rezanje
la tabla de picar

Valjar
el palo de amasar

Odpirač za steklenice
el sacacorchos

Pločevinka
la lata

Odpirač za konzerve
el abrelatas

Prijemalka za posodo
la manopla

Korito
la pileta

Ščetka
el cepillo

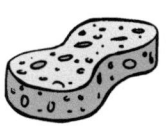

Goba
la esponja

Mešalnik
la batidora

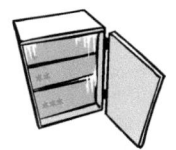

Zamrzovalna skrinja
el congelador

Steklenička
la mamadera

Pipa
la canilla

Kopalnica

el baño

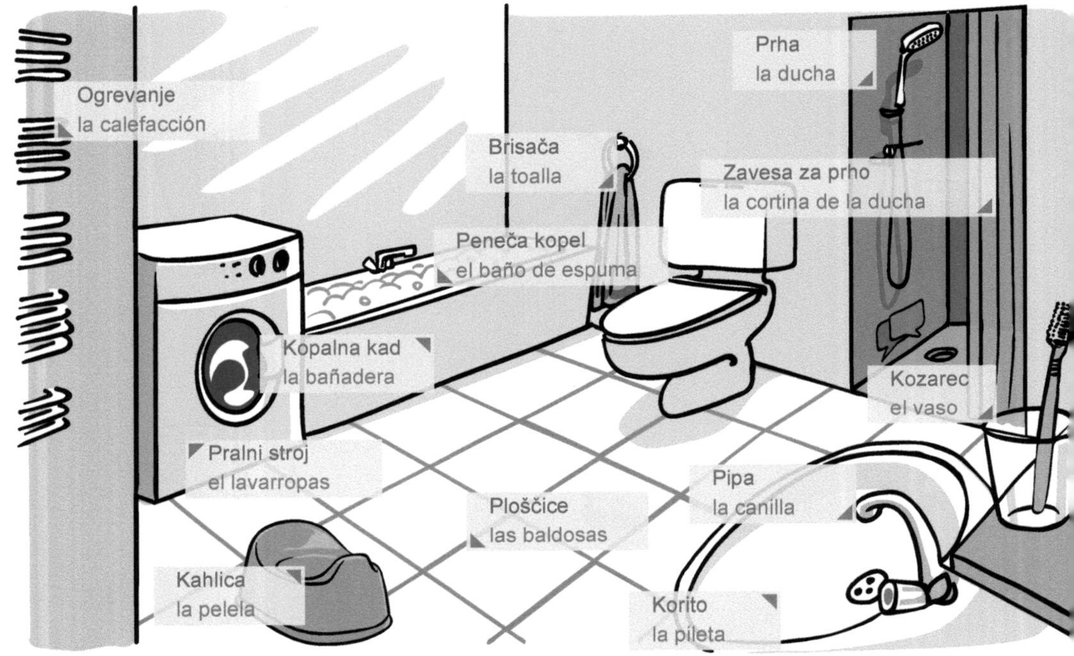

Ogrevanje
la calefacción

Prha
la ducha

Brisača
la toalla

Zavesa za prho
la cortina de la ducha

Peneča kopel
el baño de espuma

Kopalna kad
la bañadera

Kozarec
el vaso

Pralni stroj
el lavarropas

Pipa
la canilla

Ploščice
las baldosas

Kahlica
la pelela

Korito
la pileta

Stranišče

el inodoro

Stranišče na počep

la letrina

Bide

el bidé

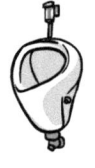

Pisoar

el mingitorio

Toaletni papir

el papel higiénico

Ščetka za straniščno školjko

el cepillo para el inodoro

Zobna ščetka

el cepillo de dientes

Zobna pasta

el dentífrico

Zobna nitka

el hilo dental

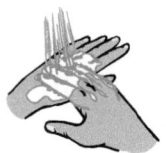

Umiti se

lavar

Ročna prha

la ducha de mano

Prha za intimne dele

la ducha higiénica

Umivalnik

la palangana

Krtača za hrbet

el cepillo para la espalda

Milo

el jabón

Gel za prhanje

el gel de ducha

Šampon

el shampoo

Krpica za miljenje

la toallita

Odtok

el desagüe

Krema

la crema

Deodorant

el desodorante

Ogledalo

el espejo

Ročno ogledalo

el espejito

Britvica

la maquinita de afeitar

Pena za britje

la espuma de afeitar

Vodica po britju

el aftershave

Glavnik

el peine

Ščetka

el cepillo

Sušilnik za lase

el secador de pelo

Lak za lase

el spray

Ličila

el maquillaje

Šminka

el lápiz de labios

Lak za nohte

el esmalte para uñas

Vatirane blazinice

el algodón

Škarjice za nohte

la tijera para uñas

Parfum

el perfume

Toaletna torbica

el portacosméticos

Stol brez naslonjala

la banqueta

Osebna tehtnica

la balanza

Kopalni plašč

la bata

Gumijaste rokavice

los guantes de goma

Tampon

el tampón

Damski vložki

la toallita femenina

Kemično stranišče

el baño químico

Otroška soba
el cuarto de los chicos

Budilka
el despertador
Plišasta igrača
el peluche
Avtomobilček
el coche de juguete
Ropotuljica
el sonajero
Hiška za punčke
la casa de muñecas
Darilo
el regalo

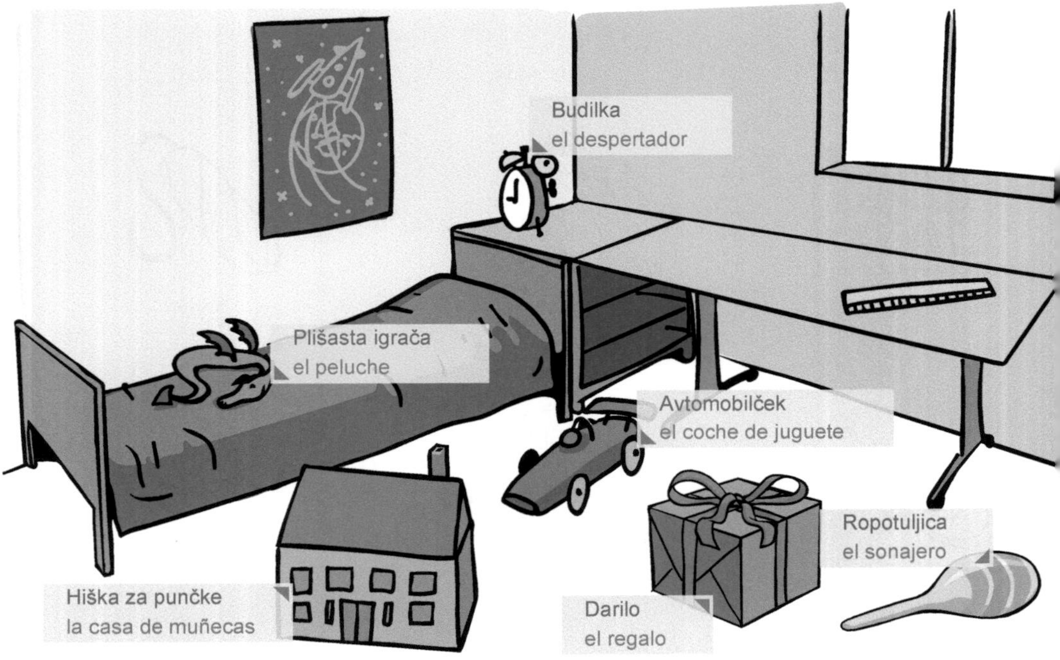

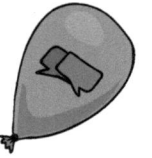

Balon

el globo

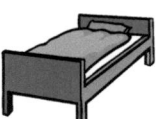

Postelja

la cama

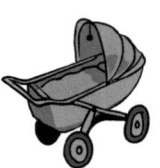

Otroški voziček

el cochecito

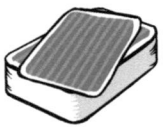

Igralne karte

las cartas

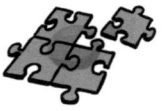

Sestavljanka

el rompecabezas

SUPER
MEGA

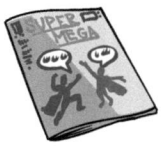

Strip

la historieta

Lego kocke

las piezas de lego

Igralne kocke

los ladrillos de juguete

Akcijska figura

la figura de acción

Bodi

el enterito (de bebé)

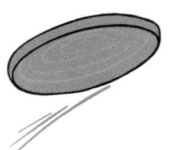

Frizbi

el frisbee

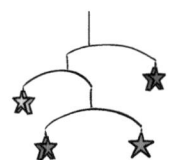

Vrtiljak za posteljico

el móvil para bebés

Namizna igra

el juego de mesa

Kocka

los dados

Komplet modelov vlakov

el tren eléctrico

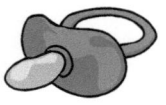

Duda

el chupete

Zabava

la fiesta

Slikanica

el libro de cuentos ilustrado

Žoga

la pelota

Lutka

la muñeca

Igrati se

jugar

Peskovnik

el arenero

Gugalnica

la hamaca

Igrače

los juguetes

Igralna konzola

la consola de videojuegos

Tricikel

el triciclo

Plišasti medvedek

el osito de peluche

Garderoba

el armario

Oblačilo

la ropa

Nogavice

las medias

Samostoječe nogavice

las medias panty

Hlačne nogavice

las calzas

Šal
la bufanda

Dežnik
el paraguas

Majica s kratk mi rokavi
la remera

Pas
el cinturón

Škornji
las botas

Copati
las pantuflas

Športni copati
las zapatillas

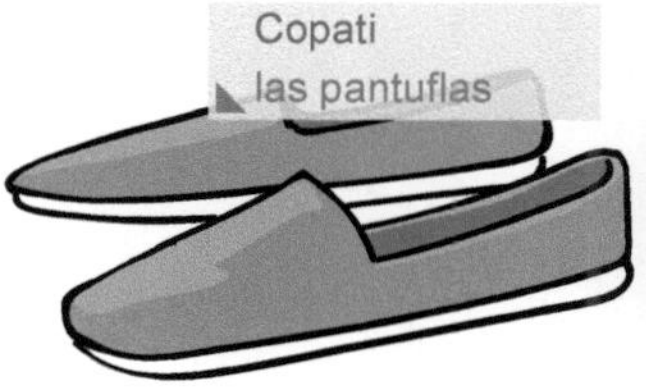

Sandali

las sandalias

Čevlji

los zapatos

Gumijasti škornji

las botas de goma

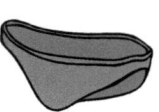

Spodnje hlače

la ropa interior

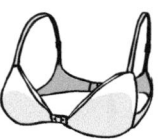

Modrček

el corpiño

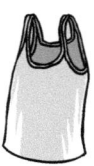

Telovnik

el chaleco

Oblačilo - la ropa

Bodi

el body

Hlače

los pantalones

Kavbojke

los jeans

Krilo

la pollera

Bluza

la blusa

Srajca

la camisa

Pulover

el pulóver

Pletena jopica

el buzo

Jopa

el blazer

Jakna

la campera

Plašč

el tapado

Dežni plašč

el piloto

Kostim

el traje

Obleka

el vestido

Poročna obleka

el vestido de novia

Obleka

el traje

Spalna srajca

el camisón

Pižama

el pijama

Sari

el sari

Naglavna ruta

el pañuelo para la cabeza

Turban

el turbante

Burka

la burka

Kaftan

el caftán

Abaja

la abaya

Kopalke

el traje de baño

Kopalne hlače

el short de baño

Kratke hlače

los shorts

Trenirka

el jogging

Predpasnik

el delantal

Rokavice

los guantes

Gumb

el botón

Očala

los anteojos

Zapestnica

la pulsera

Verižica

el collar

Prstan

el anillo

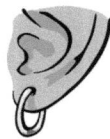

Uhan

el aro

Kapa

la gorra

Obešalnik

la percha

Klobuk

el sombrero

Kravata

la corbata

Zadrga

el cierre

Čelada

el casco

Naramnice

los tiradores

Šolska uniforma

el uniforme escolar

Uniforma

el uniforme

Slinček
....
el babero

Duda
....
el chupete

Plenica
....
el pañal

Pisarna
la oficina

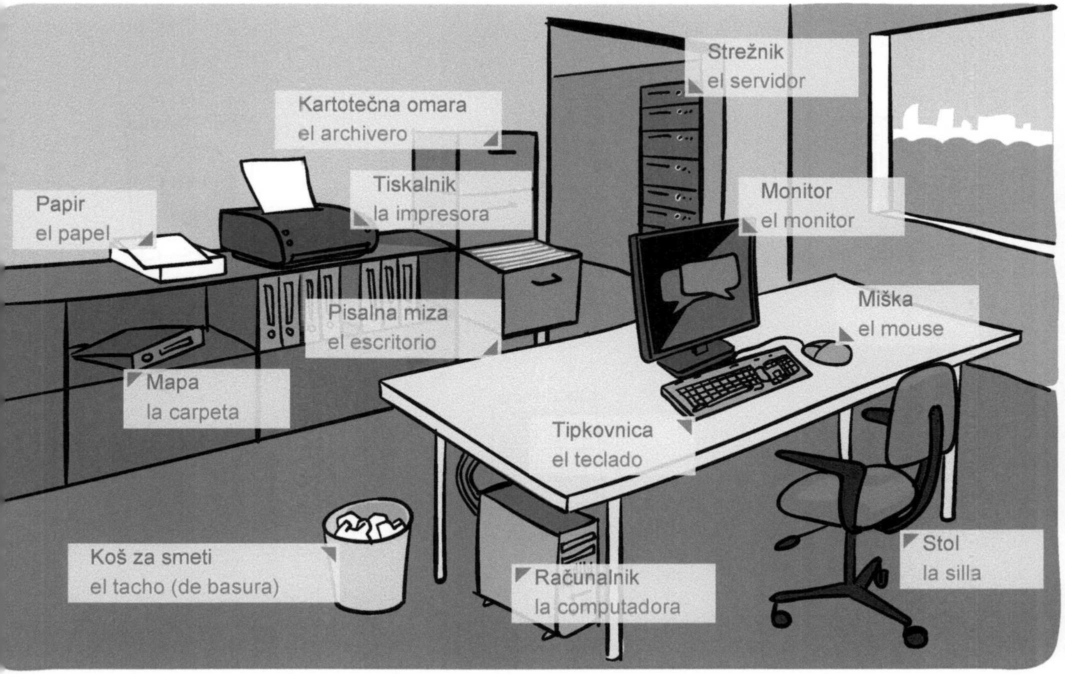

Strežnik
el servidor

Kartotečna omara
el archivero

Tiskalnik
la impresora

Monitor
el monitor

Papir
el papel

Pisalna miza
el escritorio

Miška
el mouse

Mapa
la carpeta

Tipkovnica
el teclado

Koš za smeti
el tacho (de basura)

Računalnik
la computadora

Stol
la silla

Lonček za kavo
....
la taza de café

Kalkulator
....
la calculadora

Internet
....
el internet

Prenosnik

la laptop

Pismo

la carta

Sporočilo

el mensaje

Mobilnik

el celular

Omrežje

la red

Kopirni stroj

la fotocopiadora

Programska oprema

el software

Telefon

el teléfono

Vtičnica

el tomacorriente

Telefaks

el fax

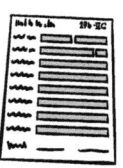

Obrazec

el formulario

Dokument

el documento

Kupiti

comprar

Plaćati

pagar

Trgovati

hacer negocios

Denar

el dinero

USD

Dolar

el dólar

EUR

Evro

el euro

JPY

Jen

el yen

RUB

Rubelj

el rublo

CHF

Švičarski frank

el franco suizo

CNY

Kitajski juan renminbi

el yuan

INR

Rupija

la rupia

Bankomat

el cajero automático

Menjalnica

la casa de cambio

Zlato

el oro

Srebro

la plata

Nafta

el petróleo

Energija

la energía

Cena

el precio

Pogodba

el contrato

Davek

el impuesto

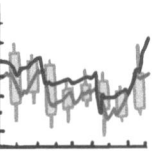

Delnice

la acción

Delati

trabajar

Delojemalec

el empleado

Delodajalec

el empleador

Tovarna

la fábrica

Trgovina

el negocio

Poklici
las ocupaciones

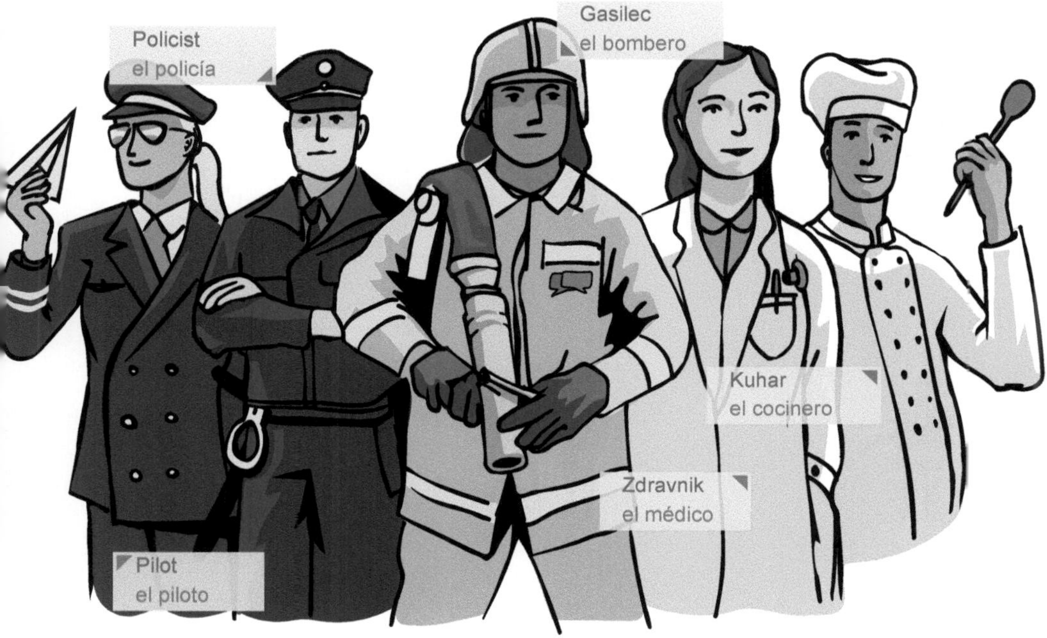
Policist
el policía
Gasilec
el bombero
Kuhar
el cocinero
Zdravnik
el médico
Pilot
el piloto

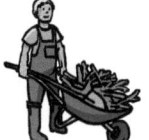

Vrtnar

el jardinero

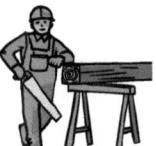

Mizar

el carpintero

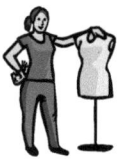

Šivilja

la modista

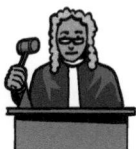

Sodnik

el juez

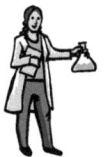

Kemik

el farmacéutico

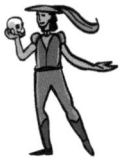

Igralec

el actor

Voznik avtobusa

el colectivero

Taksist

el taxista

Ribič

el pescador

Čistilka

la mucama

Krovec

el techista

Natakar

el mozo

Lovec

el cazador

Pleskar

el pintor

Pek

el panadero

Električar

el electricista

Gradbenik

el albañil

Inženir

el ingeniero

Mesar

el carnicero

Vodovodni inštalater

el plomero

Poštar

el cartero

Vojak

el soldado

Arhitekt

el arquitecto

Blagajnik

el cajero

Cvetličar

el florista

Frizer

el peluquero

Sprevodnik

el cobrador

Mehanik

el mecánico

Kapitan

el capitán

Zobozdravnik

el dentista

Znanstvenik

el científico

Rabin

el rabino

Imam

el imán

Menih

el monje

Duhovnik

el sacerdote

Orodje
las herramientas

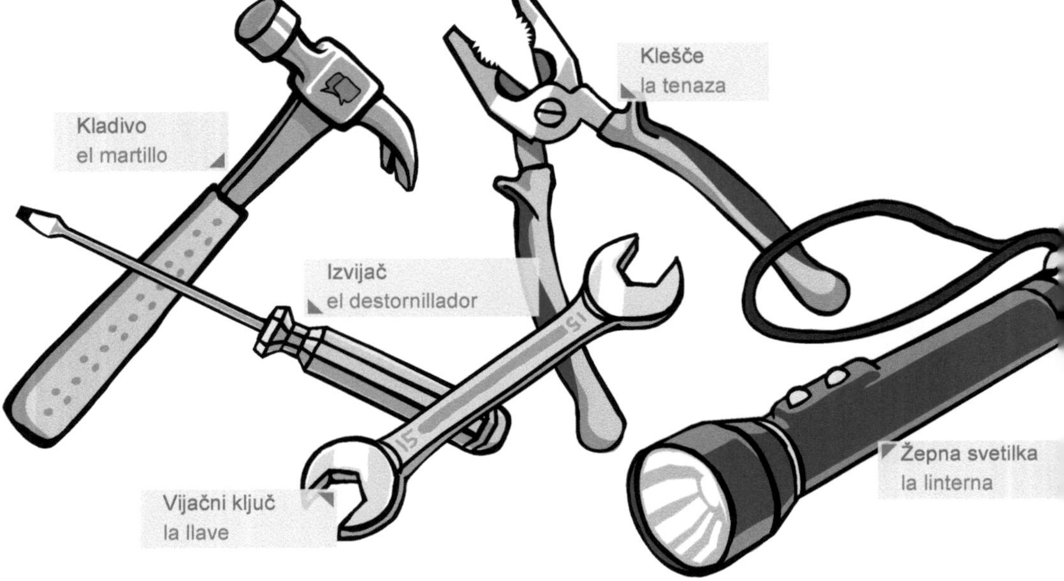
Klešče
la tenaza
Kladivo
el martillo
Izvijač
el destornillador
15
Vijačni ključ
la llave
Žepna svetilka
la linterna

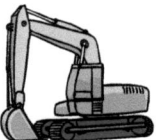

Bager

la excavadora

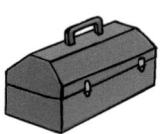

Zaboj z orodjem

la caja de herramientas

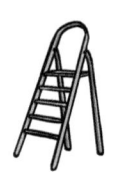

Lestev

la escalera portátil

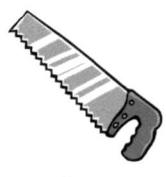

Žaga

la sierra

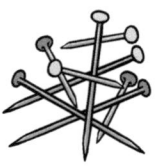

Žeblji

los clavos

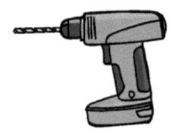

Vrtalnik

el taladro

Popraviti

arreglar

Lopata

la pala de jardín

Šment!

¡Qué bronca!

Smetišnica

la pala de plástico

Posoda z barvo

el tacho de pintura

Vijaki

los tornillos

Glasbeni instrument
los instrumentos musicales

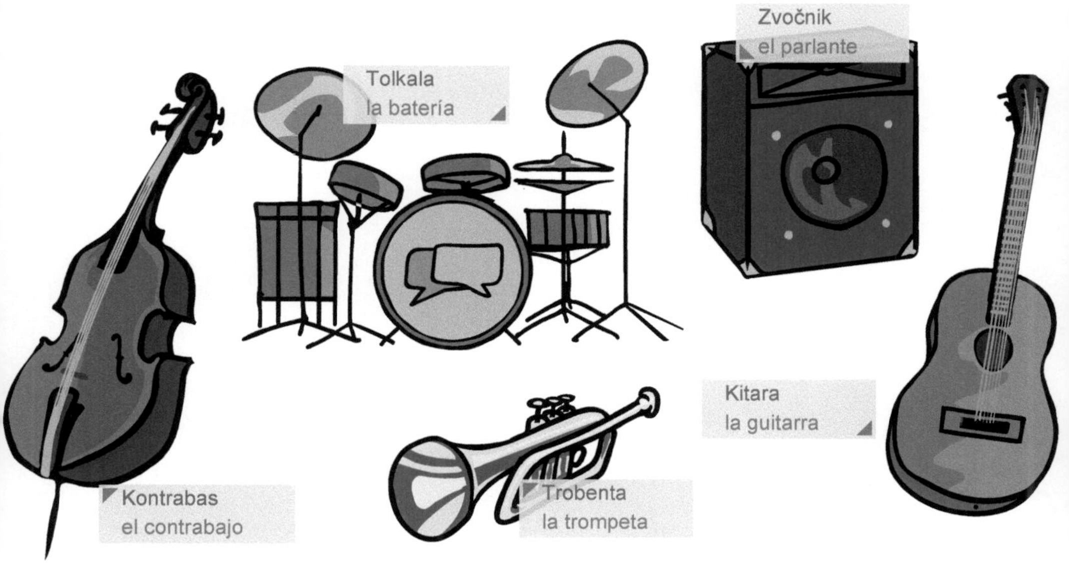

Tolkala
la batería

Zvočnik
el parlante

Kitara
la guitarra

Kontrabas
el contrabajo

Trobenta
la trompeta

Klavir

el piano

Violina

el violín

Bas kitara

el bajo

Pavke

los timbales

Bobni

el tambor

Sintetizator

el teclado

Saksofon

el saxofón

Flavta

la flauta

Mikrofon

el micrófono

Živalski vrt

el zoológico

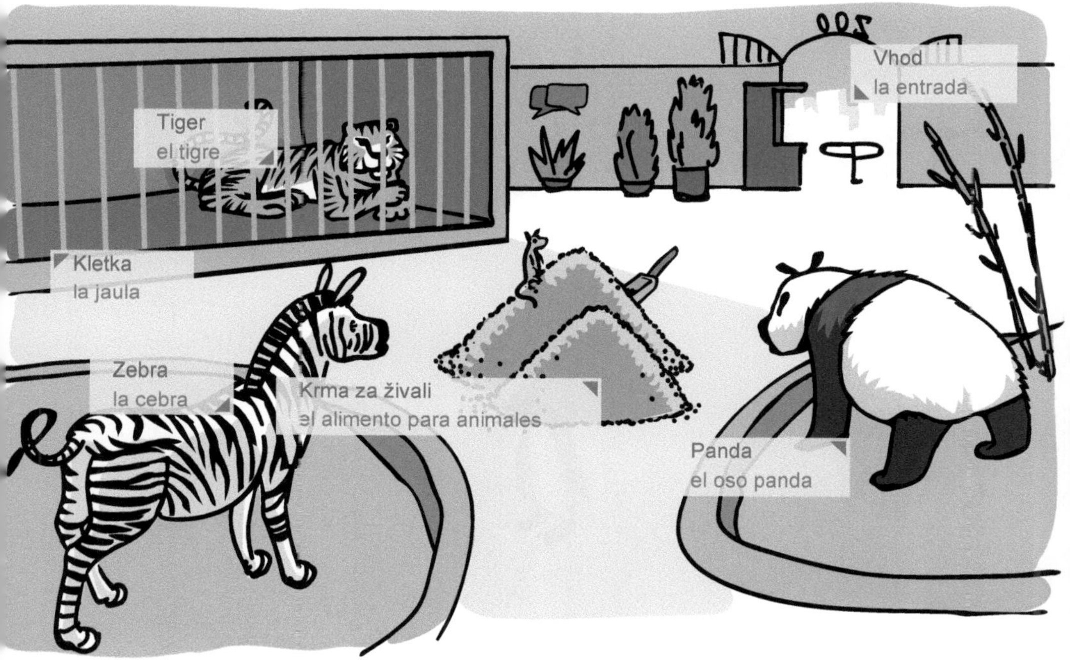

Vhod
la entrada
Tiger
el tigre
Kletka
la jaula
Zebra
la cebra
Krma za živali
el alimento para animales
Panda
el oso panda

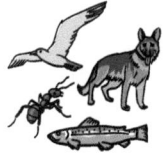

Živali

los animales

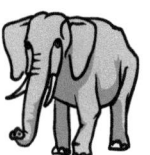

Slon

el elefante

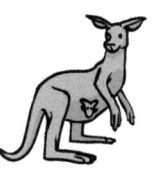

Kenguru

el canguro

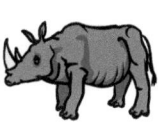

Nosorog

el rinoceronte

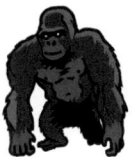

Gorila

el gorila

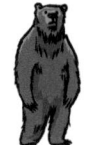

Medved

el oso

Kamela

el camello

Noj

el avestruz

Lev

el león

Opica

el mono

Plamenec

el flamenco

Papagaj

el loro

Severni medved

el oso polar

Pingvin

el pingüino

Morski pes

el tiburón

Pav

el pavo real

Kača

la serpiente

Krokodil

el cocodrilo

Oskrbnik v živalskem vrtu

el cuidador del zoológico

Tjulenj

la foca

Jaguar

el jaguar

Poni

el poni

Leopard

el leopardo

Povodni konj

el hipopótamo

Žirafa

la jirafa

Orel

el águila

Divji prašič

el jabalí

Riba

el pescado

Želva

la tortuga

Mrož

la morsa

Lisica

el zorro

Gazela

la gacela

Ameriški nogomet
el fútbol americano

Kolesarjenje
el ciclismo

Tenis
el tenis

Košarka
el básquet

Plavanje
la natación

Boks
el boxeo

Hokej
el hockey sobre hielo

Nogomet
el fútbol

Badminton
el bádminton

Atletika
el atletismo

Rokomet
el handball

Smučanje
el esquí

Polo
el polo

Dejavnosti
las actividades

Smejati se
reír
Skočiti
saltar
Objeti
abrazar
Hoditi
caminar
Peti
cantar
Sanjati
soñar
Moliti
rezar
Poljubiti
besar

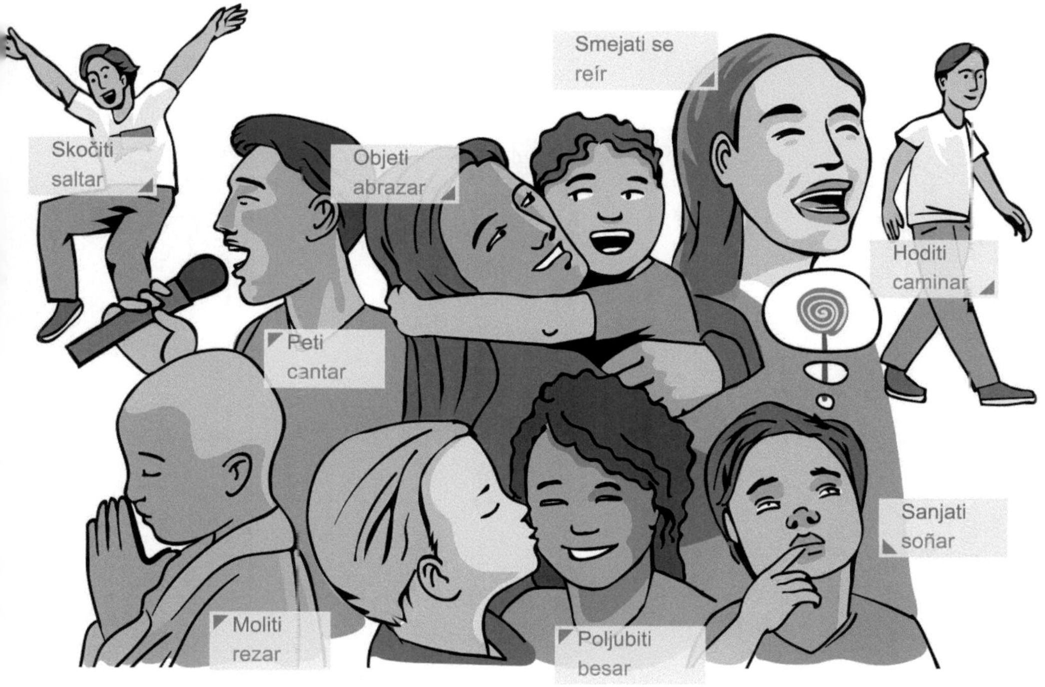

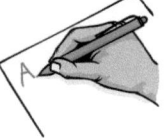

Pisati

escribir

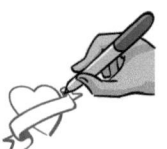

Risati

dibujar

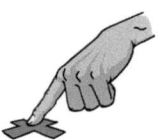

Pokazati

mostrar

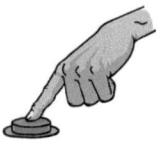

Potisniti

presionar

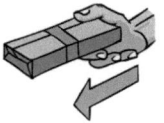

Dati

dar

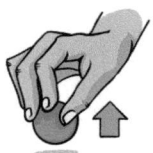

Vzeti

tomar

Imeti

tener

Narediti

hacer

Biti

ser

Stati

estar parado

Teči

correr

Vleči

tirar

Vreči

tirar

Pasti

caer

Ležati

estar acostado

Čakati

esperar

Nositi

llevar

Sedeti

estar sentado

Obleči se

vestirse

Spati

dormir

Zbuditi se

despertar

Gledati

mirar

Jokati

llorar

Božati

acariciar

Česati se

peinar

Govoriti

hablar

Razumeti

entender

Vprašati

preguntar

Poslušati

escuchar

Piti

beber

Jesti

comer

Pospraviti

ordenar

Ljubiti

amar

Kuhati

cocinar

Voziti

manejar

Leteti

volar

Jadrati

navegar

Računanje

calcular

Brati

leer

Učiti se

aprender

Delati

trabajar

Poročiti se

casarse

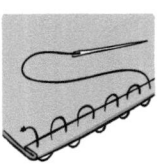

Šivati

coser

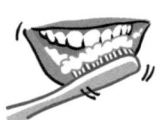

Ščetkati si zobe

cepillarse los dientes

Ubiti

matar

Kaditi

fumar

Poslati

enviar

Družina
la familia

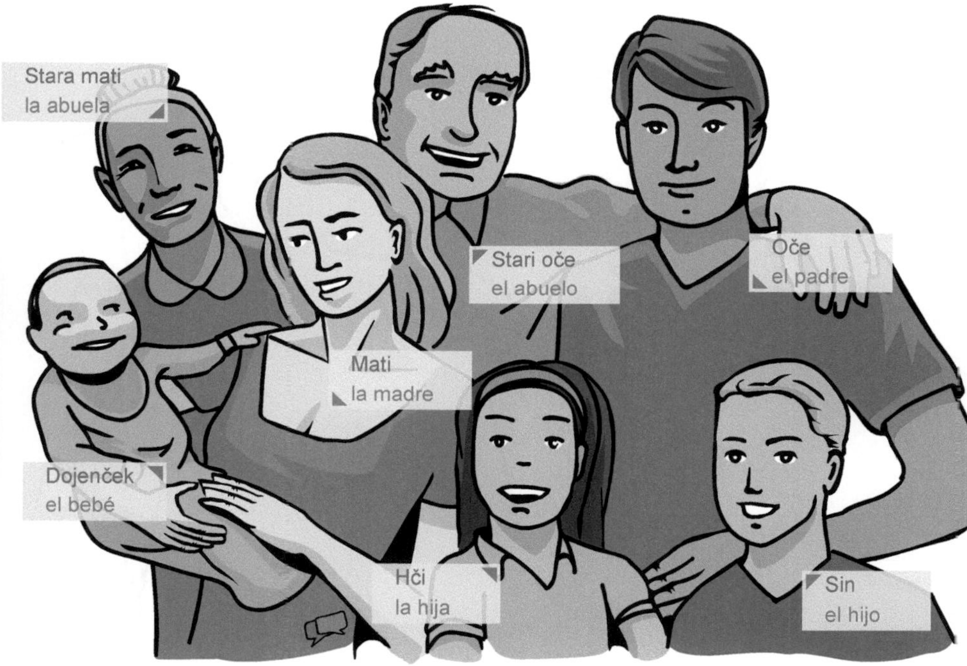
Stara mati
la abuela
Stari oče
el abuelo
Oče
el padre
Mati
la madre
Dojenček
el bebé
Hči
la hija
Sin
el hijo

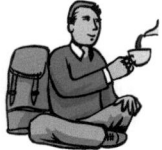

Gost

el invitado

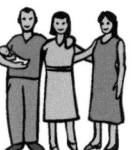

Teta

la tía

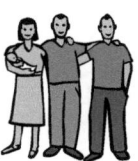

Stric

el tío

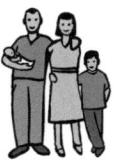

Brat

el hermano

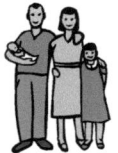

Sestra

la hermana

Telo
el cuerpo

Čelo
la frente
Oko
el ojo
Rama
el hombro
Prst
el dedo
Obraz
la cara
Brada
la pera
Dlan
la mano
Noga
la pierna
Prsi
el pecho
Roka
el brazo

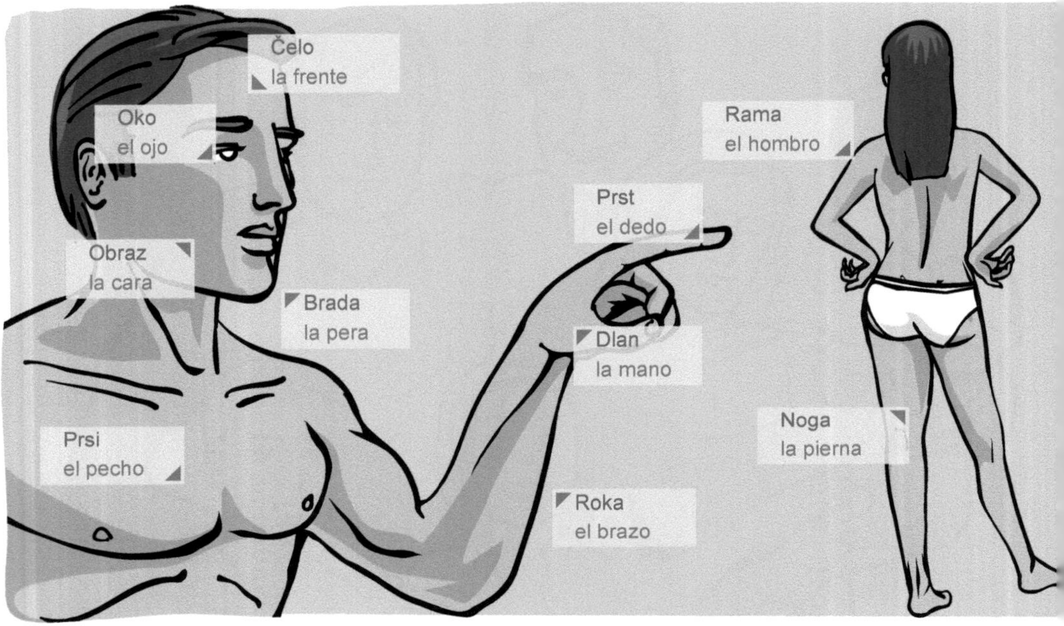

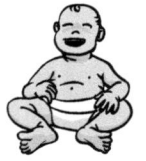

Dojenček

el bebé

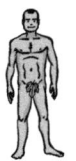

Človek

el hombre

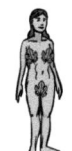

Ženska

la mujer

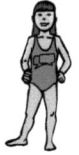

Dekle

la nena

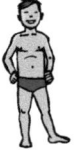

Fant

el nene

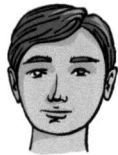

Glava

la cabeza

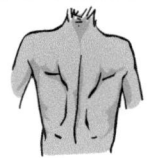

Hrbet

la espalda

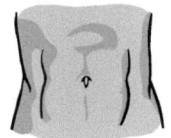

Trebuh

la panza

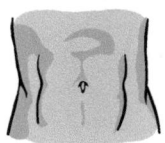

Popek

el ombligo

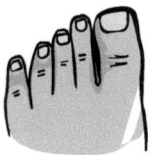

Prst na nogi

el dedo del pie

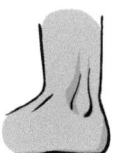

Peta

el talón

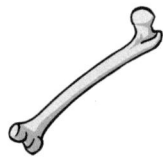

Kost

el hueso

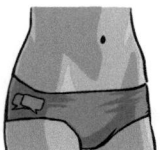

Kolk

la cadera

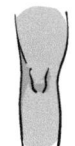

Koleno

la rodilla

Komolec

el codo

Nos

la nariz

Zadnjica

la cola

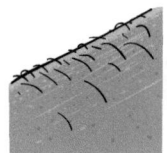

Koža

la piel

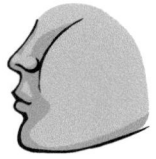

Lice

el cachete

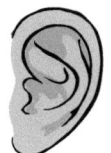

Uho

la oreja

Ustnica

el labio

Usta

la boca

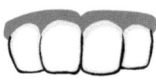

Zob

el diente

Jezik

la lengua

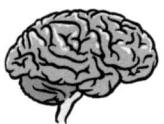

Možgani

el cerebro

Srce

el corazón

Mišica

el músculo

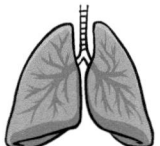

Pljuča

el pulmón

Jetra

el hígado

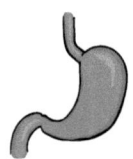

Želodec

el estómago

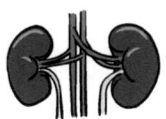

Ledvice

los riñones

Spolni odnos

el sexo

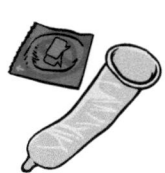

Kondom

el preservativo

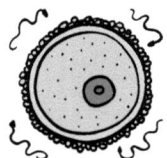

Jajčece

el óvulo

Semenska tekočina

el semen

Nosečnost

el embarazo

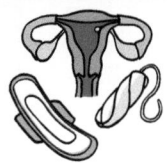

Menstruacija

la menstruación

Vagina

la vagina

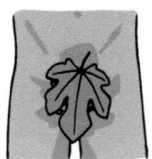

Penis

el pene

Obrv

la ceja

Lasje

el pelo

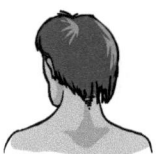

Vrat

el cuello

Bolnišnica
el hospital

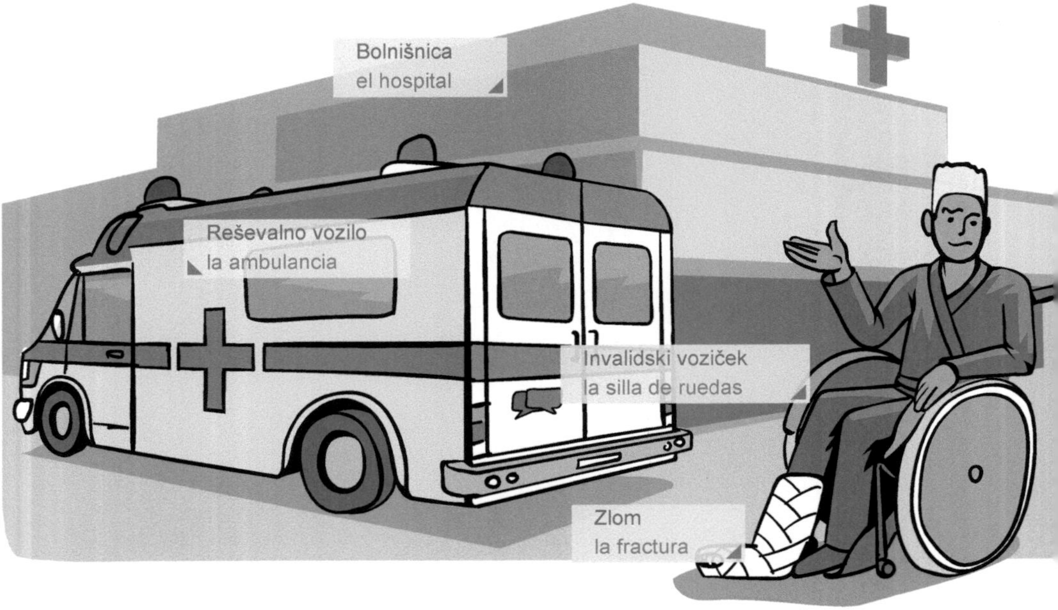

Bolnišnica
el hospital
Reševalno vozilo
la ambulancia
Invalidski voziček
la silla de ruedas
Zlom
la fractura

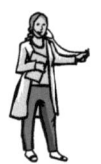

Zdravnik

el médico

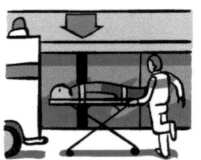

Urgenca

la sala de guardia

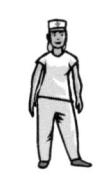

Medicinska sestra

la enfermera

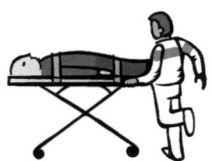

Nujni primer

la emergencia

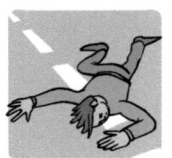

Nezavesten

inconsciente

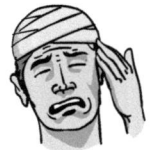

Bolečina

el dolor

Poškodba

la lesión

Krvavenje

la hemorragia

Srčni infarkt

el infarto

Kap

el ACV

Alergija

la alergia

Kašelj

la tos

Vročina

la fiebre

Gripa

la gripe

Driska

la diarrea

Glavobol

el dolor de cabeza

Rak

el cáncer

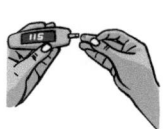

Sladkorna bolezen

la diabetes

Kirurg

el cirujano

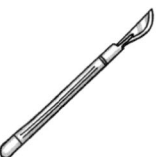

Skalpel

el bisturí

Operacija

la operación

CT
la TC

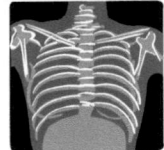

Rentgen
los rayos x

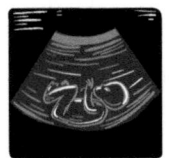

Ultrazvok
la ecografía

Obrazna maska
el barbijo

Bolezen
la enfermedad

Čakalnica
la sala de espera

Bergla
la muleta

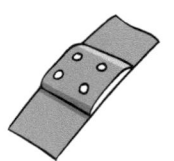

Obliž
la curita

Preveza
la venda

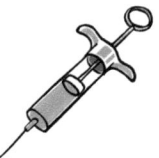

Injekcija
la inyección

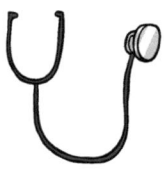

Stetoskop
el estetoscopio

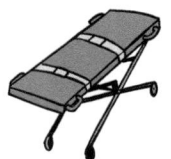

Nosila
la camilla

Klinični termometer
el termómetro

Porod
el nacimiento

Prekomerna teža
el sobrepeso

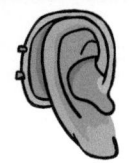

Slušni pripomoček

el audífono

Razkužilo

el desinfectante

Okužba

la infección

Virus

el virus

HIV / AIDS

el VIH / SIDA

Medicina

el remedio

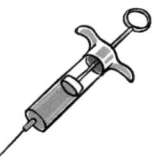

Cepljenje

la vacunación

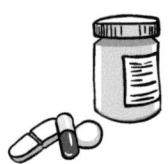

Tablete

los comprimidos

Tableta

la pastilla anticonceptiva

Klic v sili

la llamada de emergencia

Merilnik krvnega tlaka

el tensiómetro

bolano / zdravo

enfermo / sano

Na pomoč!

¡Ayuda!

Alarm

la alarma

Napad

la agresión

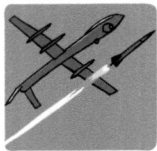

Napad

el ataque

Nevarnost

el peligro

Izhod v sili

la salida de emergencia

Gori!

¡Fuego!

Gasilni aparat

el matafuego

Nezgoda

el accidente

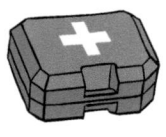

Komplet za prvo pomoč

el botiquín de primeros
auxilios

SOS

el SOS

Policija

la policía

Evropa

Europa

Severna Amerika

América del Norte

Južna Amerika

América del Sur

Afrika

África

Azija

Asia

Avstralija

Australia

Atlantski ocean

el Atlántico

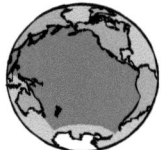

Tihi ocean

el Pacífico

Indijski ocean

el Océano Índico

Južni ocean

el Océano Antártico

Arktični ocean

el Océano Ártico

Severni tečaj

el polo norte

Južni tečaj

el polo sur

Antarktika

la Antártida

Zemlja

la Tierra

Kopno

la tierra

Morje

el mar

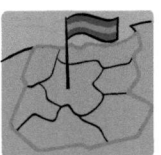

Otok

la isla

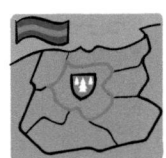

Narod

la nación

Država

el estado

Številčnica

la esfera

Urni kazalec

la manecilla de las horas

Minutni kazalec

el minutero

Sekundni kazalec

el segundero

Koliko je ura?

¿Qué hora es?

Dan

el día

Čas

la hora

Zdaj

ahora

Digitalna ura

el reloj digital

Minuta

el minuto

Ura

la hora

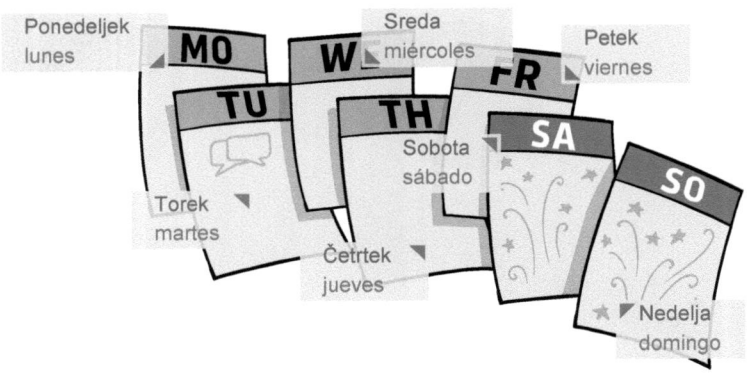

Ponedeljek / lunes
Sreda / miércoles
Petek / viernes
Torek / martes
Četrtek / jueves
Sobota / sábado
Nedelja / domingo

Včeraj

ayer

Danes

hoy

Jutri

mañana

Jutro

la mañana

Poldne

el mediodía

Večer

la tarde

Delovni dnevi

los días hábiles

Konec tedna

el fin de semana

Leto
el año

Dež
la lluvia
Mavrica
el arco iris
Sneg
la nieve
Veter
el viento
Pomlad
la primavera
Jesen
el otoño
Poletje
el verano
Zima
el invierno

4.APRIL 11°
5.APRIL 4°
6.APRIL 13°
7.APRIL 8°
8.APRIL 10°

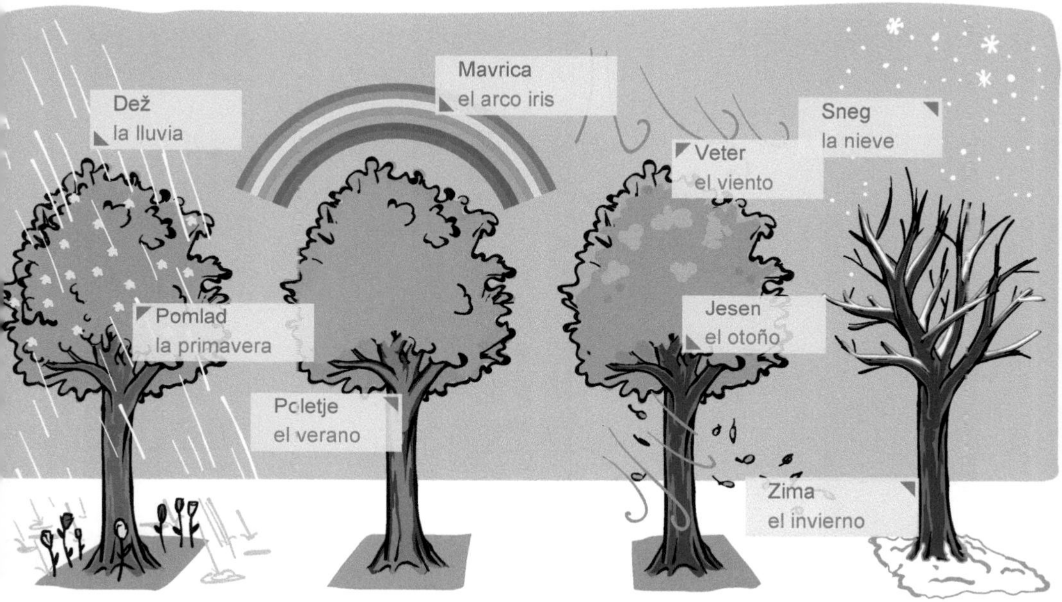

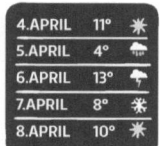

Vremenska napoved

el pronóstico meteorológico

F C
120 90 60 30 0 -30
40 30 20 10 0 -10 -20

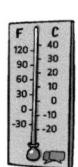

Termometer

el termómetro

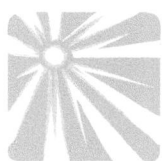

Sončna svetloba

la luz del sol

Oblak

la nube

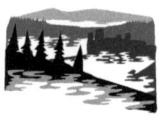

Megla

la niebla

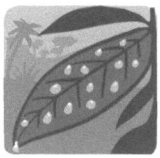

Vlažnost

la humedad

Strela

el rayo

Grom

el trueno

Nevihta

la tormenta

Toča

el granizo

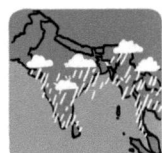

Monsun

el monzón

Poplava

la inundación

Led

el hielo

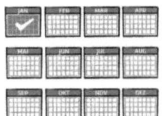

Januar

enero

Februar

febrero

Marec

marzo

April

abril

Maj

mayo

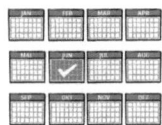

Junij

junio

Julij

julio

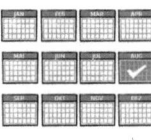

Avgust

agosto

September
....
septiembre

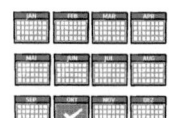

Oktober
....
octubre

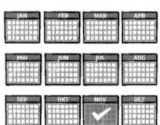

November
....
noviembre

December
....
diciembre

Oblike
las formas

Krogla
....
el círculo

Kvadrat
....
el cuadrado

Pravokotnik
....
el rectángulo

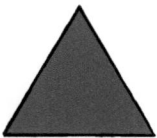

Trikotnik
....
el triángulo

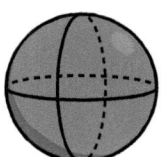

Krogla
....
la esfera

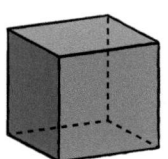

Kocka
....
el cubo

Bela

blanco

Rumena

amarillo

Oranžna

naranja

Rožnata

rosa

Rdeča

rojo

Vijolična

violeta

Modra

azul

Zelena

verde

Rjava

marrón

Siva

gris

Črna

negro

veliko / malo

mucho / poco

jezno / umirjeno

enojado / tranquilo

lepo / grdo

lindo / feo

začetek / konec

el principio / el fin

veliko / majhno

grande / chico

svetlo / temno

claro / oscuro

brat / sestra

el hermano / la hermana

čisto / umazano

limpio / sucio

popolno / nepopolno

completo / incompleto

dan / noč

el día / la noche

mrtvo / živo

muerto / vivo

široko / ozko

ancho / angosto

užitno / neužitno

comestible / no comestible

zlobno / prijazno

malo / amable

vznemirjeno / zdolgočaseno

entusiasmado / aburrido

debelo / vitko

gordo / flaco

prvo / zadnje

primero / último

prijatelj / sovražnik

el amigo / el enemigo

polno / prazno

lleno / vacío

trdo / mehko

duro / blando

težko / lahko

pesado / liviano

lakota / žeja

el hambre / la sed

bolano / zdravo

enfermo / sano

nezakonito / zakonito

ilegal / legal

pametno / neumno

inteligente / estúpido

levo / desno

izquierda / derecha

blizu / daleč

cerca / lejos

novo / rabljeno

nuevo / usado

nič / nekaj

nada / algo

staro / mlado

viejo / joven

vklopljeno / izklopljeno

encendido / apagado

odprto / zaprto

abierto / cerrado

tiho / glasno

silencioso / ruidoso

bogato / revno

rico / pobre

prav / narobe

correcto / incorrecto

grobo / gladko

áspero / suave

žalostno / veselo

triste / contento

kratko / dolgo

corto / largo

počasi / hitro

lento / rápido

mokro / suho

mojado / seco

toplo / hladno

caliente / frío

vojna / mir

guerra / paz

Števila

los números

0

Ničla

cero

1

Ena

uno

2

Dva

dos

3

Tri

tres

4

Štiri

cuatro

5

Pet

cinco

6

Šest

seis

7

Sedem

siete

8

Osem

ocho

9

Devet

nueve

10

Deset

diez

11

Enajst

once

12

Dvanajst

doce

13

Trinajst

trece

14

Štirinajst

catorce

15

Petnajst

quince

16

Šestnajst

dieciséis

17

Sedemnajst

diecisiete

18

Osemnajst

dieciocho

19

Devetnajst

diecinueve

20

Dvajset

veinte

100

Sto

cien

1.000

Tisoč

mil

1.000.000

Milijon

el millón

Angleščina

el inglés

Ameriška angleščina

el inglés americano

Mandarinščina

el chino mandarín

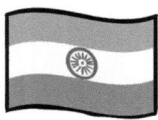

Hindujščina

el hindi

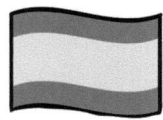

Španščina

el español

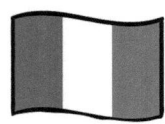

Francoščina

el francés

Arabščina

el árabe

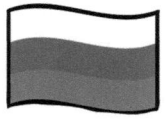

Ruščina

el ruso

Portugalščina

el portugués

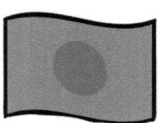

Bengalščina

el bengalí

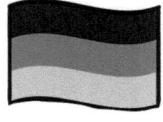

Nemščina

el alemán

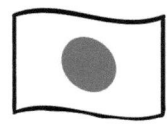

Japonščina

el japonés

Jaz

yo

Ti

vos

On / ona / tisto

él / ella

Mi

nosotros

Vi

ustedes

Oni

ellos

Kdo?

¿quién?

Kaj?

¿qué?

Kako?

¿cómo?

Kje?

¿dónde?

Kdaj?

¿cuándo?

Ime

el nombre

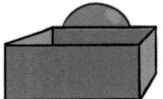

Zadaj

detrás

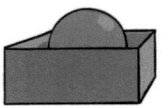

V

en

Pred

adelante de

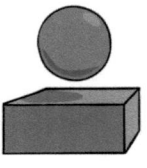

Nad

por encima de

Na

sobre

Pod

debajo de

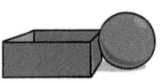

Poleg

al lado de

Med

entre

Kraj

el lugar